NAVIGATION AÉRIENNE

ET

VOYAGES EN BALLON

CONFÉRENCE

faite à l'Association Polytechnique

PAR

CAMILLE FLAMMARION,

Astronome, Officier d'Académie.

PUBLICATION DU JOURNAL

LE SUFFRAGE UNIVERSEL

BORDEAUX, RUE SAINTE-ANNE, 53

Prix : **30** centimes.

NAVIGATION AÉRIENNE

ET

VOYAGES EN BALLON.

I.

Si l'astronomie moderne, fondée sur des siècles d'observation patiente et sur la rigueur des théories mathématiques, nous permet de pouvoir développer en nos discours les splendeurs de la création sidérale, et d'affirmer avec l'accent de la certitude les points fondamentaux du système de monde, il n'en est plus ainsi lorsque nous quittons le vaste espace céleste pour nous borner à l'espace aérien qui touche à la surface de notre globe. Ici, l'observation et le calcul n'ont pas encore asservi les phénomènes à notre savoir; c'est une région vierge et inexplorée ; en la traversant sous notre léger navire, nous pouvons nous dire que nul pied mortel n'a encore foulé ces parages. Loin d'avoir été sillonnée dans tous les sens, comme l'ont été les continents et les mers, l'air n'a été visité que par de rares observateurs, parmi lesquels encore un trop petit nombre étaient revêtus de l'esprit scientifique.

Non-seulement la navigation aérienne, mais encore la météorologie elle-même, sont, à vrai dire, dans l'enfance. Jusqu'ici elles n'ont pas trouvé leur Colomb et leur Copernic. Jusqu'à l'an dernier, l'atmosphère n'avait été scientifiquement visitée, dans notre pays, que par deux voyageurs, Biot et Gay-Lussac, qui partirent dans l'automne de 1804 du jardin du Conservatoire ; puis, par de Barral et Bixio, dans l'été de 1850. Hors la France, nous n'avions que les voyages de Robertson, Lhout et Saccharoff en Russie ; en Angleterre, ceux de Welsh et surtout ceux de Glaisher, astronome de l'observatoire de Greenwich.

A part ces quelques voyages, on peut dire que nous n'avons rien eu pour établir *de visu* la science météorologique.

Nous devons regretter que les aéronautes de profession ne se soient pas trouvés dans les circonstances requises pour faire servir au profit de la science leurs voyages souvent précieux. J'ai pu constater, en particulier, que le célèbre aéronaute français, M. Eugène Godard, en compagnie duquel j'ai fait mes longues traversées, aurait pu dans ses neuf cent cinquante voyages aéronautiques jeter une grande lumière sur les obscurs problèmes de la météorologie, si chacun d'eux avait eu seulement pour objet une constatation scientifique.

Ainsi, je tiens à le confesser dès l'ouverture de cette conférence, — comme exorde, si vous le permettez, — la météorologie est une science tout entière à créer; c'est pour essayer d'en découvrir les éléments mystérieux que je me suis laissé entraîner moi-même par la curiosité à visiter directement la région des météores, et je vois avec confiance que des observations attentives et constantes, faites dans les hauteurs de l'atmosphère et en se livrant aux courants eux-mêmes, feront plus pour la connaissance des mouvements atmosphériques que les hypothèses insuffisamment fondées auxquelles nous pourrions nous livrer dans notre cabinet, avec le seul aide du baromètre, du thermomètre et de la girouette. Ici, comme ailleurs, le plus sûr moyen de savoir ce qui se passe en une

région inexplorée, c'est *d'y aller voir*. Et lorsqu'on songe au charme des voyages aériens, à la
grandeur des spectacles qu'ils révèlent, et même à
la sûreté de ce mode de locomotion, on s'étonne en
vérité qu'un si petit nombre d'hommes se soient
décidés à se confier aux routes si douces et si
agréables de l'atmosphère.

Avant de rapporter mes impressions particulières
de voyages aériens, il serait peut-être intéressant
de jeter d'abord un coup d'œil rétrospectif sur
l'histoire de l'aérostation.

Je me contenterai de vous rappeler que l'aérostation a été commencée par Joseph Montgolfier, qui, le
5 juin 1783, a élevé son premier ballon à Annonay,
devant les Etats généraux du Vivarais, réunis pour
cette expérience.

Cet aérostat était fort simple, une montgolfière
sans élégance, gonflée par l'air chaud. Remarquons
de suite qu'il y a une différence entre une montgolfière et un aérostat : une montgolfière est gonflée à
l'air chaud, l'aérostat est gonflé au gaz hydrogène
pur ou au gaz hydrogène bicarboné (gaz d'éclai-
rage).

Cette première expérience de lancement d'un
ballon eut un retentissement sans pareil dans ce

mois de juin 1783. L'opinion publique s'en émut ;
le bruit s'en répandit au loin, et la renommée aux
cent bouches porta en un clin-d'œil jusqu'à Paris ce
premier épisode de la conquête du ciel.

Le bruit s'étendit à toutes les classes de la société.
Deux mois ne s'étaient pas écoulés, depuis l'essai
public d'Annonay, que les hommes les plus sérieux
de la capitale prenaient la résolution d'essayer ce
qu'avait fait Montgolfier.

Charles, membre de l'Académie des sciences, et
les deux frères Robert, ingénieurs, entreprirent
de construire un globe. Montgolfier avait mis beaucoup de mystère à expliquer la nature de son gaz,
qui n'était que de l'air chaud ; mais, par une heu-
reuse coïncidence, le gaz hydrogène venait préci-
sément d'être découvert.

Charles s'empressa d'utiliser la faible pesanteur
spécifique de ce gaz pour gonfler son aérostat.

Nous avons aujourd'hui des estampes du temps,
qui montrent l'effet produit dans la ville de Paris
par cette première expérience. Les frères Robert
avaient mis tous leurs soins à établir un ballon
d'une belle forme. On l'avait installé dans la
cour d'une maison de la place des Victoires ; ils
avaient fait une souscription nationale qui fut, par

parenthèse, la première souscription nationale française.

Les gravures du temps représentent le ballon sortant, aux trois quarts gonflé, des ateliers des frères Robert. Par ordre de la ville de Paris, accompagné des chevaliers du guet, il fait une immense promenade à la lumière des torches et des flambeaux. On voit le ballon traîné par quatre chevaux attelés à un char magnifique. On trace son chemin, comme on le fait aujourd'hui pour le bœuf gras, suivant la rue Neuve-des-Petits-Champs, etc., jusqu'aux quais et au Champ-de-Mars. Les écrivains de l'époque racontent avec naïveté l'impression produite par ce transport nocturne du nouvel appareil dans les rues ; tous les promeneurs attardés se prosternent, tous, jusqu'aux cochers de fiacre, qui descendent et se mettent à genoux, le chapeau dans les mains. Au milieu des bruits divers qui viennent de circuler au sujet du globe aérien, le sentiment d'une attente générale se manifeste. Il semble que le cœur de Paris et de la France palpite entre la crainte et l'espérance au moment de vérifier si l'homme a été vraiment capable de construire un appareil pour prendre, dès cette vie, possession du royaume des cieux.

Le lendemain, devant une immense population, le ballon s'élève dans les nues. Tous les regards le suivent avec stupéfaction. Des milliers de personnes, au milieu desquelles brillent de fraîches et éclatantes parures, restent dans la contemplation, sans s'apercevoir d'une pluie torrentielle qui tombe dans ce moment même et inonde les contemplateurs.

Voilà le premier ballon lancé du milieu du Champ-de-Mars; voilà le glorieux appareil créé par l'homme et qui lui trace le chemin du ciel. Or, voyez comme les choses varient ici-bas. Le ballon s'élève du centre de Paris devant une population étonnée, ravie, émerveillée; il s'élève du centre de Paris pour aller tomber à... Gonesse! — Certes, je ne veux pas dire du mal de Gonesse; seulement, ce malheureux ballon produit sur les habitants un effet tout opposé à celui qu'il avait produit sur les Parisiens.

Voyant arriver et tomber une masse informe, ils l'attendirent consternés; quand elle fut à terre, les plus hardis s'approchèrent; bientôt tout le village s'y transporta. A distance, on examina cet animal singulier qui venait de tomber du ciel. Les gravures le représentent sous la forme d'un hémisphère affaissé sur le sol, respirant encore à cause du vent qui l'agitait. Personne n'osait s'approcher, on faisait des conjectures ; il parut probable que c'était le diable, mais comment s'en convaincre? Il y avait dans le voisinage un couvent ; bientôt deux moines arrivent pour exorciser l'animal étrange. L'exorcisme est long, mais stérile.

Le garde-champêtre de ce temps-là, qui avait un fusil, se décide enfin bravement à tirer sur l'animal. Il avance, ose diriger son arme sur l'oreille informe du monstre, tout le monde recule..., il tire! et une odeur nauséabonde se répand aux alentours. Le parfum peu agréable et alors inconnu du gaz, met en fuite les paysans. Il est bien évident que c'est là la peau d'un animal monstrueux et méchant, tombé d'où? De la lune peut-être.

Enfin, mais grâce aux raisonnements du curé du pays, on finit par s'apercevoir que c'était un tissu inoffensif. Le courage et l'ardeur s'emparèrent alors de ces âmes tout à l'heure terrifiées. On attacha le ballon à une herse traînée par des chevaux, et les morceaux furent dispersés dans la campagne.

Cet événement produisit un tel bruit, que le gouvernement de Louis XVI crut nécessaire de publier un avertissement, lequel fut affiché à Paris et dans

les villes de France, pour prévenir que les ballons
n'étaient pas des animaux, mais des appareils faits
par l'homme pour explorer et étudier l'atmosphère.
Nous avons encore aujourd'hui cet avertissement
singulier.

Vous pensez sans doute, Messieurs, que la pa-
nique excitée à Gonesse par la chute du premier
ballon ne se reproduisit plus désormais. Eh bien !
l'année dernière encore, descendant un matin des
hauteurs du ciel sur les plaines de la Sologne, nous
avons été accueillis par la même méfiance, par la
même crainte. Notre aérostat, d'abord invisible, à
cause de la hauteur, descendait rapidement et offrait
aux yeux étonnés des paysans dispersés dans la
campagne une forme sans cesse grandissante.
Nous descendîmes, en une demi-heure, de 3 kilomètres de hauteur. Il paraît que les longues ori-
flammes attachées aux flancs du ballon faisaient
songer à des tentacules de pieuvre. Or, en arrivant
à quelques centaines de mètres du sol, nous fûmes
étonnés de voir que les braves femmes et les enfants
qui gardaient les troupeaux s'enfuyaient en jetant
des cris... C'est le diable ! le diable ! Les signes de
croix ne modéraient pas les approches du monstre.
Lorsque nous touchâmes le sol, personne ne fut là

pour nous recevoir. Certes, nous ne désirions pas une entrée triomphale ; nous mettions pied à terre sur un humble pré, mais nous ne nous attendions pas à ce délire. Fort heureusement que le maire d'un pays voisin, — qui nous avait salués d'un coup de fusil, — arriva avec une élégante calèche et nous parla. Puis ses amis, puis les enfants approchèrent. On put nous toucher, et ceux qui avaient jeté les plus grands cris purent voir de près et servir à dégonfler le ballon qui les avait effrayés. Certes, c'est là, à notre époque, un fait bizarre. Le progrès ne marche pas si vite qu'on le suppose ; mais ce que je comprends le moins dans cet aveu des fidèles du diocèse d'Orléans, c'est cette idée irrévérencieuse de croire que le diable peut descendre du ciel !

Mais revenons à la première année de l'aérostation. Le 19 septembre 1783, appelé officiellement à Versailles, Montgolfier put lancer une belle montgolfière en présence de Louis XVI et de Marie-Antoinette.

Un écrivain raconte que leurs Majestés se retirèrent, parce que Montgolfier avait eu la singulière idée, pour chauffer son ballon, de faire brûler de vieilles semelles, dont l'odeur peu agréable fit écarter une partie des spectateurs.

On suspendit au ballon une cage dans laquelle on plaça un mouton, un coq et un canard. Le ballon tomba au bois de Vaucresson. Le mouton n'avait pas de mal, le canard ne disait rien, mais le coq avait le cou tordu; on n'a jamais pu savoir pour quelle cause.

On comprend facilement que ces événements devaient émouvoir les populations. A peine cette première expérience était-elle faite devant la Cour, que Pilâtre des Rosiers et le marquis d'Arlandes firent des expériences dans un ballon captif, et résolurent ensuite de se livrer à l'atmosphère dans un ballon libre.

Pilâtre des Rosiers était convaincu de la possibilité de voyager ainsi. S'il n'y a pas aujourd'hui une grande témérité à se confier à la nacelle d'un navire aérien, il faut convenir que le premier qui a osé s'aventurer ainsi dans des régions inconnues faisait acte de courage et mérite notre sincère admiration.

Louis XVI refusa d'abord la permission : « Je ne puis, disait-il, permettre à mes sujets d'affronter ainsi la mort. Je donnerai quelques condamnés à mort, et s'ils reviennent la vie sauve, on pourra permettre de commencer ces voyages avec certaines précautions. »

Mais à cette proposition Pilâtre des Rosiers s'indignant, déclara qu'il serait honteux de laisser à des criminels la gloire de tenter cette entreprise. Il finit enfin par obtenir la permission. Il partit, avec le marquis d'Arlandes, du château de la Muette, le 21 octobre 1783.

La Montgolfière, élégante et admirablement décorée, traversa Paris et alla descendre aux moulins de Montrouge. Les voyageurs nous ont laissé de ce premier voyage une description enthousiaste.

Hélas ! Messieurs, le nom si sympathique de Pilâtre des Rosiers, le premier navigateur aérien, est accompagné pour nous d'un douloureux souvenir. Celui qui le premier osa affronter l'océan aérien en fut aussi la première victime. Quelques années plus tard, au moment où l'aérostation devenait pour ainsi dire universelle, voulant réaliser son projet de traverser la Manche à l'aide d'un double ballon composé d'un aérostat à gaz hydrogène et d'une montgolfière (construction imprudente et inexplicable), il s'éleva, le 15 juin 1785, du rivage de Boulogne, en compagnie de Romain, un de ses amis. A peine était-il à quelques centaines de mètres de hauteur, qu'on vit une petite flamme bleuâtre lécher les flancs de l'aérostat. On avait à peine eu le temps d'examiner cet incendie aérien que l'aéro-montgolfière se déforma en un clin d'œil, le gaz éclata et l'appareil fut précipité sur le rivage. C'est à peine si l'on put discerner dans les débris les corps broyés des malheureux aéronautes.

A peine le premier voyage aérien était-il accompli par la belle montgolfière de Pilâtre des Rosiers, que Charles et Robert en préparèrent un second, pour le 1er décembre, aux Tuileries, à l'aide d'une souscription nationale. Les premières places étaient de trois louis, d'autres étaient d'un prix moins aristocratique. Six cent mille personnes — c'est-à-dire tout Paris et ses environs, tout Versailles et presque toute la noblesse française — étaient accourues pour voir de près le merveilleux spectacle d'un départ pour le ciel.

L'aérostat était gonflé à l'hydrogène et monté par les physiciens Charles et Robert. Il y avait à une fenêtre des Tuileries la marquise de Villeroy, alors octogénaire et qui, comme Lalande, n'avait jamais voulu croire à la possibilité de s'élever dans les airs, se basant principalement sur l'idée que c'était contraire à la volonté de Dieu et que l'homme était né pour ramper à la surface du sol. Néanmoins ses amis la transportèrent à la fenêtre, et au moment où l'aérostat prit majestueusement son essor : « Oh les hommes ! s'écria-t-elle, ils trouveront le secret de ne plus mourir, et ce sera quand je serai morte ! »

Tels sont les premiers pas et les premiers souvenirs de la locomotion aérienne. Dans l'histoire entière de l'humanité, jamais découverte n'excita pareil applaudissement, jamais le génie de l'homme n'avait remporté un triomphe à l'apparence plus éclatante. Les sciences mathématiques et physiques recevaient le plus magnifique des témoignages, sous lequel on saluait l'aurore d'une ère inattendue. Désormais l'homme régnait en maître sur la nature. Après avoir asservi le sol à sa puissance, après avoir fait courber la tête des vagues liquides sous les carènes de ses navires, après avoir arraché la foudre du ciel, il allait, triomphateur sublime, prendre possession des célestes domaines. L'imagination à la fois orgueilleuse et confondue ne distinguait plus aucune limite à cette puissance, les portes de l'infini s'étaient écroulées sous le dernier coup de pied de la témérité humaine : la plus grande des révolutions venait de sonner au cadran séculaire des destinées.

Quand on lit les annales du temps, écrites sous l'impression de ce premier voyage, on reconnaît que dans toute l'histoire de l'humanité on n'a jamais vu une découverte reçue avec un pareil enthousiasme. Dans tous les rangs de la société, on semblait voir dans cette prise de possession du ciel une ère nouvelle ; c'était l'audace humaine brillant au rang d'étoile dans l'immense étonnement des cieux.

De toutes les découvertes, celle de l'Amérique, par Christophe Colomb, et l'invention du télescope sont les seules qui aient suscité un pareil enthousiasme. Lorsque la lune s'étant approchée on y eut découvert des montagnes et des volcans, l'imagination se laissa emporter par le désir de prendre possession du ciel. Téméraire et hardie, elle devança la science et voyagea à sa fantaisie sur les autres mondes. Cette ère pendant laquelle s'était produite la renaissance des sciences sembla se réveiller en 1784, au moment de la découverte des ballons. On confondait le ciel météorologique avec le ciel astronomique. Il semblait qu'au moyen des ballons on allait s'élever dans l'espace et parvenir bientôt jusqu'à la lune, jusqu'aux autres mondes. Devant cette perspective, Christophe Colomb s'évanouissait et la découverte de l'Amérique n'était que la découverte d'un brin de terre.

Cependant, voyez, en passant, une face caractéristique du caractère français : tandis qu'on s'exagérait l'importance de l'aérostation au point de vue de ses résultats spéciaux et qu'on l'appliquait à l'univers astronomique, des esprits moins enthousiastes, sceptiques ou simplement satiriques, s'amusaient, avec plus ou moins de goût, à saisir le côté grotesque des événements. C'est ainsi que tandis que nos soldats versaient leur sang en Crimée ou en Italie, les marchands d'estampes se décoraient de leurs caricatures.

Après la première expérience de Charles et Robert aux Tuileries, il y eut un grand nombre de caricatures : l'une des plus curieuses représente l'escalade du quai des Tuileries : des milliers de dames essayant de passer par-dessus le mur laissant entrevoir aux promeneurs d'en bas certains émisphères qui ne devaient pas faire partie du spectacle.

Le jour où on voulut lancer à Lyon le ballon (Fléchelle?), le vent l'empêcha de s'élever et le déchira, ce qui donne lieu à ces vers :

> Vous venez de Lyon ; parlez-nous sans mystère :
> *Le Globe* est-il parti ? Le fait est-il certain ?

— Je l'ai vu. — Dites-nous, allait-il bien grand train ?
— S'il allait !... Oh ! monsieur, il allait *ventre à terre.*

Un peu plus tard, les abbés Miolan et Janninet (noms prédestinés, du reste !) avaient fait
préparer une magnifique montgolfière, le vent les
empêcha de s'élever, et le public attendit en vain
depuis huit heures du matin jusqu'à cinq heures du
soir. Le public n'est pas endurant ; il se précipita
sur l'immense montgolfière et la mit en pièces. J'ai
eu moi-même un petit morceau de ce ballon.

Sur une estampe de ce temps on voit une *Récep-*
tion à l'Académie de Montmartre : l'abbé Miolan
est représenté par un chat, l'abbé Janninet par
un âne ; ils arrivent en triomphe sur leur fa-
meux ballon, et sont reçus à la colline des moulins
à vent par une assemblée solennelle de dindons et
d'oies.

Un plaisant trouva dans les lettres qui com-
posent ces mots : *l'abbé Miolan,* l'anagramme *ballon*
abîmé. On juge si ce mot fit fureur.

A cette même époque, Blanchard cherchait à diriger les ballons. On le représente faisant manœu-
vrer des ailes : un personnage ayant sur la tête un
bonnet de folie, sonne une fanfare à côté de lui.
Alors une chanson populaire court les rues :

Ah ! le bel oiseau, vraiment,
Qui s'est mis dans cette cage.
Ah ! le bel oiseau, vraiment,
Depuis vingt mois on l'attend.
Le singe va regardant,
Les ânes sont prêts de braire,
L'aveugle s'en va, disant :
Pour moi, je ne le vois guère.

On publie des estampes et des charges comiques, grotesques, satiriques, etc; je vois sur l'une d'elles :

Si par un vol il peut escalader la lune,
Il fera comme un autre, *en volant*, sa fortune

Et comme il avait écrit sur les banderolles de son ballon et sur les cartes d'entrée, *sic itur ad astra*, on fit encore contre lui cette épigramme :

Au Champ-de-Mars, il s'envola ;
Au champ voisin, il resta là ;
Beaucoup d'argent, il ramassa ;
Messieurs, *sic itur ad astra*.

Lorsqu'il s'agit de remplacer l'air chaud des montgolfières par un gaz plus ou moins méphitique, un nouvel aspect burlesque se révéla sur ces bizarres estampes. Je ne veux pas vous dire au juste de quel gaz on ose se servir ici. Je me contenterai de remarquer qu'on lit au bas de cette peu décente gravure un titre non moins grossier

que le sujet lui-même: *La fortune des gens venteux.*
Où l'esprit va-t-il parfois se nicher?

La découverte des aérostats ayant excité l'enthousiasme général que nous rappelions tout à l'heure,
le désir de monter en ballon devenait général.
C'était une véritable contagion, atteignant les
princes du sang comme les humbles mortels.

Le futur Charles X et le père de Louis-Philippe
s'essayèrent l'un et l'autre au palais de Saint-
Cloud. Le char de l'état chancelant, c'était au sur-
plus à peine changer d'équilibre que se confier au
char aérien.

Le duc de Chartres fit une ascension; on la
tourna en ridicule en faisant courir les vers sui-
vants, qui rappelaient la mine un peu déconfite du
prince à sa descente:

> Ne vois-je pas mon prince en bas?
> On dirait qu'il va rendre l'âme!
> L'âme!... Oh! qu'il n'est pas dans ce cas;
> Peut-on rendre ce qu'on n'a pas!

La meilleure plaisanterie fut celle de Mme de Ver-
gennes, qui dit que si le duc de Chartres était
monté en ballon, c'était parce qu'il avait voulu se
mettre au-dessus de ses affaires.

Nous trouvons aussi parmi les types de ce genre
le procès-verbal d'un voyage *très-intéressant*, fait le

18 juillet 1791, jour de la proclamation de la constitution, par un patriote qui raconte qu'il s'est *mis en chemise à 12,000 pieds d'élévation, pour lire à haute voix, en face de la nature, la déclaration des Droits de l'Homme.*

Parmi les utopies enfantées à cette époque, nous avons celle de la Thilorière, qui prétendait descendre en Angleterre avec trois mille hommes et cinq cents chevaux. C'était pour l'usage de Napoléon.

Quelque temps après, Robertson imagina la *Minerve.* Tout était à admirer dans ce bâtiment colossal; entr'autres curiosités il y avait un grand magasin ou cave pour conserver l'eau, le vin et toutes les substances alimentaires à l'expédition; il servait en même temps de contrepoids au ballon;

Des échelles de soie pour communiquer facilement dans tous les points du globe;

Un logement pour quelques dames curieuses (cage suspendue à côté du tonneau). Ce pavillon était éloigné du grand corps de logis, de crainte de donner des distractions aux voyageurs.

Un observatoire avec les boussoles, les instruments astronomiques et les quarts de cercle pour prendre la latitude;

Une salle destinée aux récréations, à la promenade et aux exercices gymnastiques ;

Une cuisine sans cheminée et très-éloignée du ballon : à la suite, un atelier pour la menuiserie, la serrurerie, la mécanique et la buanderie ;

Une chambre pour le médecin ;

Un théâtre, salon pour la musique, orgue, etc. ;

Une salle d'étude, des cabinets de physique et d'histoire naturelle.

Il semble que ce soit là le comble de l'utopie, je lui en ajouterai pourtant une autre plus incroyable et superbe encore : c'est un immense bâtiment qui devait faire le tour du monde en huit jours ; il y avait une église, un théâtre, des promenades publiques, des remparts,... en tout, 2,500 personnes, — une petite ville.

Enfin, le complément de tout ceci est le projet d'utiliser le mouvement de la terre pour voyager. La terre faisant 9,000 lieues en 24 heures, l'inventeur breveté sans garantie se faisait cette réflexion lumineuse que pour voyager on n'a plus besoin de se déranger : il suffit de rester en place et de laisser la terre tourner sous soi. Ainsi, disait-il, nous nous élèverons assez haut pour dépasser la sphère d'attraction du globe, nous mettrons le ballon en panne, puis, si nous voulons aller en Chine, nous attendrons que la Chine passe, et quand elle passera, nous n'aurons qu'à descendre !...

Qu'on juge sur ce trait des merveilles de l'utopie.

Quoique ce soit sans contredit à Montgolfier que nous devions attribuer la gloire d'avoir constitué et mis à exécution la théorie de l'ascension des ballons, nous devons cependant remarquer, en terminant cet historique, qu'un grand nombre d'essais théoriques ont été tentés avant lui, — essais si nombreux, que, si nous voulions exposer toutes les inventions imaginées, nous n'aurions pas assez de cette soirée entière.

Dans la foule de ces inventeurs, il y en a deux cependant, qui sont si curieux, que je ne puis vraiment les passer sous silence.

Le premier est Cyrano de Bergerac, qui a édité à lui seul cinq moyens d'aller dans la lune.

On peut, selon lui, s'élever dans l'espace :

1° Par des fioles remplies de rosée que le soleil aspire et fait monter ;

2° Par un grand oiseau de bois dont les ailes sont mises en mouvement ;

3° Par des fusées d'artifice qui partent successivement et élèvent, chaque fois, le char aérien de leur force de projection ;

4° Par un octaèdre de verre chauffé par le soleil, dont la partie inférieure laisse pénétrer l'air froid, plus dense, qui élève le ballon ;

5° Par un char de fer et un boulet d'aimant, que le voyageur lance successivement en l'air, et qui attire constamment le char. Ce dernier moyen lui avait été indiqué par un habitant de la lune.

Le second théoricien est un bon jésuite, le père Gallien. Dans un petit livre, publié en 1755, sur *l'Art de naviguer dans les airs, amusement physique et géométrique*, il partage l'atmosphère en deux parties, et dit que, sur la partie basse, on pourrait naviguer comme sur l'eau. Il suffirait, selon lui, d'avoir un vaisseau plus long et plus large que la ville d'Avignon ; sa hauteur ressemblerait à celle d'une montagne considérable. Un seul de ses côtés contiendrait un million de toises carrées ; le seul corps de ce vaisseau pèserait douze millions de quintaux. Le résultat est qu'il reste encore pour sa cargaison cinquante-huit millions de quintaux, et il trouve que cette arche immense est cinquante-quatre fois meilleure que l'arche de Noé. Il pourrait y entrer quatre millions de personnes.

II.

Après ce coup d'œil sur l'historique de la ques-
tion, nous allons voir quels sont les services que la
navigation aérienne va rendre à la météorologie,
à la connaissance de l'atmosphère. Voici le bulletin
quotidien de l'observatoire de Paris. Sur la carte
d'Europe, dessinée sur ce bulletin, vous voyez les
courbes barométriques dessinées chaque jour à
l'aide d'observations faites sur les différents points
de l'Europe. Vous voyez également la direction et
l'intensité des vents. Ce bulletin commence par les
principaux éléments, l'établissement de la science
météorologique. Nos expériences aéronautiques ont
également pour objet l'étude des principaux éléments des mouvements de l'atmosphère.

Les observations que l'on peut faire en ballon se
divisent en un certain nombre de chapitres. Ce pro-
gramme n'est pas nouveau, il a été tracé dès le
commencement du siècle par Biot et Gay-Lassac;
il a été repris par Barral et Bixio ; il a été établi sur
des données contemporaines par Arago, enfin il a
reçu de Glaisher, de Londres, des applications nouvelles, et je n'ai fait que les compléter à l'époque
où j'ai organisé mes voyages. Aussi nous avons un

champ beaucoup plus vaste qu'il n'est nécessaire pour faire des observations suivies, intéressantes au point de vue de la météorologie ; j'exposerai, aussi rapidement que possible, quels sont les travaux auxquels j'ai cru devoir me livrer et quels sont leurs résultats sur la connaissance de la météorologie.

1° Le premier soin d'un observateur est d'établir la loi du décroissement de la température avec les hauteurs, et de comparer les observations faites en ballon avec celles qui ont été faites sur les hautes montagnes. Voilà le premier chapitre des observations à faire. Or, il résulte des observations faites dans huit ascensions, sur la marche du thermomètre, à l'ombre, qu'au-delà des couches voisines du sol, dont la relation thermométrique avec le sol est très-variable, la température de l'air décroît toujours à mesure qu'on s'élève, et que la progression de cette décroissance est d'autant plus lente que l'on s'élève davantage. Cette loi générale offre toutefois des variations considérables selon les heures d'observation, selon les saisons et selon l'état du ciel.

Le résultat général est que la température décroît plus lentement à l'air libre que sur le flanc des montagnes. Ainsi au lieu de un degré par 100 mètres,

qu'on a généralement observé sur les montagnes, il
y a un degré par 150 mètres.

Pendant le jour, le thermomètre monte lorsqu'on
entre dans les nuages et s'élève de plus en plus
pour ne décroître que longtemps après qu'on les a
dépassés. C'est un fait qui m'a d'abord fort surpris,
de voir qu'en traversant le plafond des nuages on
entre dans une région plus chaude que l'air infé-
rieur.

2° Le second chapitre a pour objet les variations
de l'état hygrométrique de l'air selon l'état du ciel
et selon les hauteurs, la distribution de la vapeur
d'eau dans les régions où les nuages se forment.

L'humidité de l'air accusée par l'aiguille sensible
d'un hygromètre de précision de Saussure a été
trouvée augmentant d'abord à mesure que l'on s'é-
lève. Elle atteint une zône de maximum, puis elle
décroît lorsqu'on a traversé cette zône pour dimi-
nuer constamment ensuite avec l'altitude de l'aérostat. La zône du maximum varie de hauteur suivant les heures et suivant l'état du ciel. Elle n'est
jamais au contact du sol.

Cette découverte me paraît de nature à apporter des
résultats féconds dans la science météorologique.

Le 10 juin 1867, à 4 heures du matin, au lever

du soleil, je l'ai trouvée à 150 mètres du sol. L'hygromètre marque 93 degrés au niveau du sol, s'élève jusqu'à 98° à 100 mètres, et redescend à mesure que nous nous élevons, marquant 92 degrés à 300 mètres, 86° à 750, 65° à 1,100, 60° à 1,350, 54° à 1,700, 48° à 1,900, 43° à 2,200, 36° à 2,400, 30° à 2,600, 28° à 2,900, 26° à 3,000, 25° à 3,300 mètres.

Cette extrême sécheresse à cette hauteur affecte nos organes respiratoires. M. Godard est pris de nausées, ce qui donne à notre position un aspect moins gai que d'habitude; les cris gutturaux se repercutent dans l'intérieur de l'aérostat comme dans une salle vide de 800 mètres cubes, avec un écho sinistre, rauque, âpre et criard.

On sait que l'aérostat gonflé reste ouvert par la partie inférieure, de sorte qu'en étant dans la nacelle nous en voyons clairement l'intérieur. On ne le ferme pas, afin que le gaz dilaté par la chaleur solaire puisse sortir. Autrement la dilatation ferait gonfler démesurément le ballon fermé et pourrait en certains cas le faire éclater — ce qui serait un inconvénient sensible !

Les organes de la respiration sont désagréablement affectés aussi à cette hauteur de 10,000 pieds, par le manque d'équilibre atmosphérique. Nous avions un tiers de moins d'air qu'à la surface du sol.

Une bouteille à moitié remplie d'eau produisit, lorsque nous l'avons débouchée, le bruit que fait une bouteille de champagne.

Tandis que dans l'ascension dont je viens de parler, la zône maximum ne se trouvait qu'à 150 mètres du sol, je l'ai trouvée le 15 juillet, à 5 heures 40 du matin, en descendant d'une altitude de 2,400 mètres au-dessus du Rhin, à 1,100 mètres de hauteur, par un ciel presque serein.

Le 14 juillet, la zône était à 450 mètres, par un ciel nuageux.

Le 23 juin, elle se trouvait à cinq cents mètres par un ciel couvert, et immédiatement au-dessous des nuages.

Les séries sont assez difficiles à suivre, car indépendamment de la hauteur, l'humidité de l'air varie selon les heures du jour et de la nuit, et selon la nature sèche ou humide des terrains sur lesquels on passe.

Les résultats que j'ai obtenus sont en désaccord avec ceux que M. Welsh a obtenus en Angleterre. Les observations ne lui ont pas indiqué d'extrême sécheresse. Au contraire, même dans les plus hautes régions, l'humidité atmosphérique relative s'approchait beaucoup de la saturation. Peut-être est-ce à cause du climat insulaire de la Grande-Bretagne.

3° La troisième série d'expériences porte sur la transparence de l'air pour la chaleur, la diathermanie de l'air et la loi d'insolation.

En même temps que décroît l'état hygrométrique de l'air, son pouvoir diathermane, sa transparence pour la chaleur s'accroit.

Ce fait m'a surtout impressionné le 10 juin 1867. Nous avons eu pendant une demi-heure quinze degrés de différence entre la température de nos pieds et celle de la tête, entre la température de l'intérieur de la nacelle et celle de l'extérieur. Le thermomètre, à l'ombre, marquait huit degrés, et au soleil vingt-trois degrés; nos pieds souffraient du froid, tandis que l'ardeur du soleil brûlait nos joues et nos têtes. Nous prenions ainsi, à dix mille pieds de hauteur, un bain de pied d'air froid. A l'air libre, mieux encore que dans le voisinage d'un sol élevé, les rayons qui passent sans absorption n'échauffent pas le milieu : les rayons solaires les plus puissants passent à travers l'air, tandis que l'air peut rester au-dessous du point de congélation. Quand l'air est sec, les rayons solaires passent au travers sans l'échauffer; on peut rôtir un poulet à la chaleur du feu, tandis que l'air reste à une température inférieure à zéro. L'air sur les hautes montagnes est excessivement froid, quoique le soleil soit brûlant. Tydall raconte qu'il n'a jamais tant souffert de la chaleur qu'en descendant du corridor au grand plateau du Mont-Blanc, pendant qu'il s'enfonçait dans la neige jusqu'aux reins.

Voilà le fait de cette loi d'insolation : à une grande hauteur, l'humidité de l'air est moindre, aussi l'air est plus transparent pour la chaleur ; le soleil brûle, tandis qu'à l'ombre la température peut-être extrêmement basse.

4° Des observations spéciales ont porté sur les grands courants de l'atmosphère, leur direction et leur vitesse, et m'ont permis de découvrir un fait important au point de vue des mouvements généraux de l'atmosphère.

Submergé dans le courant atmosphérique, l'observateur qui trace la projection de la route aérienne suivie pendant un voyage dessine aussi la direction et la vitesse des courants, connaissance qui constitue une des premières lois de la météorologie. Il résulte de mes observations qu'en général les courants ne changent pas, depuis cent mètres au-dessus de Paris jusqu'aux plus grandes hauteurs atteintes par nous.

Que les courants suivant la même direction dans cette immense épaisseur augmentent de vitesse avec la durée de leurs trajets ;

Que généralement les couches supérieures sont emportées par un mouvement plus rapide que les couches inférieures, surtout pendant la nuit. A ce propos, je n'ai pu m'empêcher de remarquer que les mouvements nocturnes sont plus rapides à une grande hauteur que dans le voisinage du sol. Il semble que la nature bienveillante fasse circuler les vents, principes vivifiants de l'atmosphère, en protégeant les êtres qui dorment contre leurs tourbillons. Le sommeil reste à la surface du sol. Pendant la nuit, il n'y a pas de mouvement d'air, tandis qu'à cinq cents mètres il y a de grands courants. Pendant le jour, les vents vivifiants soufflent à la surface du sol, qu'ils sillonnent vigoureusement et sur lequel ils sèment les principes rénovateurs.

Mais voici la constatation la plus importante : en France, l'atmosphère est entraînée dans son ensemble par un faible mouvement de circulation du nord-est au sud-ouest, mouvement qui emporte en lui les autres vents partiels et influe sur leur direction. Je citerai trois tracés aérostatiques éloquents, qui montrent que ce fait paraît constant. (Ici l'orateur trace sur le tableau le méridien de Paris, les degrés de longitude et de latitude, et les villes principales qui lui servent de points de repère.)

Dans notre voyage du 23 juin, nous avons passé à droite d'Orléans, formant un angle léger avec le méridien de Paris, pour traverser ensuite le Cher au-dessous de Romorantin, la Creuse au Blanc, la Gartempe à Montmorillon, la Vienne, entre Confolens et Chabanais, et descendre à La Rochefoucault, près Angoulême. Cette traversée a duré quinze heures, et montré une inclinaison croissante vers le sud-est.

Le 9 juin, nous partons de Paris, et nous nous dirigeons vers la forêt de Fontainebleau; nous jetons l'ancre au port si élégant de Barbizon, et le lendemain matin, à trois heures, nous mettons à la voile. Quoique l'air parut d'un calme absolu, la direction générale avait subi l'influence que j'ai mentionnée, et nous descendons à Lamotte-Beuvron, au sud d'Orléans.

Autre épreuve: le 18 juin, nous partons de Paris, à cinq heures soir, nous passons au-dessus de Versailles, de la forêt de Rambouillet, et nous descendons, à huit heures, au sud de Dreux. Après nous être fait transporter à ballon captif jusqu'à la ville, nous reprenons possession de notre char aérien à une heure du matin, et après avoir passé par Verneuil et l'Aigle, nous descendons à Gacé. Nous avions encore subi l'influence de la direction dont j'ai parlé.

On explique les vents alizés en disant que l'air froid des régions polaires est appelé, par le tirage des régions équatoriales chauffées par le soleil, dans la direction du nord au sud. Voilà un premier fait. Un second : c'est que la terre tournant de l'ouest à l'est, les points situés à l'équateur tournent plus vite que ceux situés sous la latitude de Paris ou au pôle. A l'équateur, la vitesse est de 446 lieues; à Paris, de 273. C'est la vitesse du sol et de l'air à Paris. Or, en marchant vers le sud, l'air emporte cette vitesse acquise, et comme elle est inférieure à celle du sol à mesure qu'on approche de l'équateur, l'air paraît en retard sur la marche du sol vers l'est; de telle sorte que sa direction définitive est la résultante de sa marche vers le sud et de sa marche apparente vers l'ouest, autrement dit il incline au sud-ouest. Il résulte de nos observations que très-probablement l'effet que j'ai indiqué est dû aux vents alizés, qui s'étendraient donc jusqu'à nos latitudes.

5° Un autre chapitre a pour titre : Expériences sur la transmission du son.

Il résulte des expériences faites à diverses hauteurs dans nos voyages aériens, que le son se transmet plus facilement de bas en haut que de haut en bas, et dans le sens vertical que dans le sens horizontal. Les ondes sonores venues de terre ne sont pas circulaires, mais elliptiques, figure qui a pour grand axe la verticale du lieu.

Pour donner une idée de la différence radicale qui sépare le son entendu sur un plan horizontal, ou dans un point supérieur au lieu de la producduction, je dirai que le bruit des cricris est sensible à plus d'un kilomètre de hauteur, et que le murmure des rivières, à peine sensible à 100 mètres, produit, pendant la nuit, à une hauteur de 7 et 800 mètres, l'effet de chutes d'eau impétueuses.

La meilleure surface pour renvoyer le son est la surface d'un lac tranquille ; il nous renvoie nos paroles avec une grande clarté, ce que ne produit pas le sol irrégulier des campagnes.

A une certaine hauteur, l'écho semble renvoyé par l'espace. Ainsi, si à une hauteur de 8 à 1,200 mètres, on pousse un cri, c'est évidemment la terre qui le renvoie, et cependant il ne m'a jamais

paru monter d'en bas et semble provenir d'un autre
monde.

Les nuages n'interceptent pas le son. Nous avons
été à même d'en faire l'expérience au-dessus d'Antony. Nons voguions dans la lumière du ciel, sur
les nuages, blanches collines sur lesquelles on est
tenté de mettre pied, — tentation à laquelle j'ai ré-
sisté, de crainte de surprise. — Nous commencions
un dîner fort agréable dans cette mise en scène,
quand tout-à-coup des accords mélodieux, sortant
des nuages, nous apportent l'ouverture de *Guillaume
Tell;* l'exécution était excellente. Nous cherchâmes
en vain quels sylphes invisibles venaient ainsi char-
mer notre traversée ; nous n'osions croire que des
anges vinssent nous honorer d'un tel concert.

En examinant notre position, nous reconnaissons
que nous devons nous trouver au-dessus d'Antony ;
je racontai l'aventure dans un feuilleton, et je reçus
peu de temps après une lettre du chef d'orchestre
de la Société philharmonique d'Autun (cela me fait
souvenir que je ne lui ai pas encore répondu), dans
laquelle il me disait que, connaissant mes expéditions
scientifiques, il avait pensé m'être utile et agréable
en m'offrant l'occasion d'une expérience curieuse.
Cette excellente société musicale était réunie dans

la cour de la mairie au moment où nous passions à
son zénith ; on nous avait aperçus par une éclaircie,
et l'on nous avait donné cette sérénade scientifique,
dans l'espérance que la perception que nous en aurions serait utile aux observations. On ne pouvait
mieux réussir. Nous avons entendu cet orchestre
comme s'il avait été *à côté* de nous, toutes les parties
étaient parfaitement discernées par l'oreille. Et cependant, nous planions alors à 1,200 mètres au-
dessus du lieu du concert.

6° Un autre chapitre est relatif au mode de formation des nuages et à l'électricité de l'air.

Mes observations sur ce sujet sont insuffisantes
et ne m'autorisent pas à livrer les faibles résultats
partiels auxquels je suis parvenu. Je n'ai encore pu
être admis qu'une seul fois dans l'intimité de la gé-
nération des nuages. C'était au-dessus du Rhin,
non loin d'Aix-la-Chapelle. Pendant deux heures,
nous avons pu voyager à diverses hauteurs dans la
région où les nuages se formaient. On les voyait
apparaître soudain au-dessous, à côté ou au-dessus
de l'aérostat. L'humidité invisible de l'air paraissait
rendue visible tout à coup sans que nul souffle se ma-
nifestât, sans que le thermomètre ou l'hygromètre ac-
cusassent le moindre changement dans l'état de l'air.

Ce qui peut à bon droit surprendre dans cette formation invisible des nuages, c'est la force étonnante que la nature déploie dans ce travail. Elle est égale à celle résultant de l'effort de 1,500 milliards de chevaux travaillant chaque jour de l'année à raison de sept heures par jour. A un point de vue particulier, elle peut nous donner une idée de la force collective dont les nations sont capables. Quand on songe que cette force de nuages invisibles est à la fois si inappréciable et si puissante, on peut affirmer que les hommes, qui sont plus puissants que ces molécules d'eau, s'ils savaient s'entendre et réunir leur puissance intellectuelle, seraient assurément capables par leur réunion d'imposer leur volonté à la nature entière et de produire d'immenses effets par leur propre force.

7° Un autre chapitre est consacré à la comparaison de la marche du baromètre à mercure avec celle du baromètre anéroïde.

J'ai eu soin de noter pendant toute la durée de mes voyages la marche corrélative des deux instruments, afin d'apprécier lequel des deux est préférable.

J'indique ces résultats pour ceux qu'ils peuvent plus particulièrement intéresser. Le baromètre à mercure est d'un usage beaucoup plus difficile ; il est plus fragile, le moindre mouvement que nous produisons en nous levant dans la nacelle le fait osciller. Il est difficile de l'observer, mais ses indications sont plus régulières que celles du baromètre anéroïde.

Les observations photométriques ont eu pour objet la lumière de la lune, des planètes et des étoiles.

Quelques autres expériences ont été faites par circonstances. Tel est l'examen de l'ombre du ballon sur la campagne ou sur les nuages ; dans l'air, le ballon produit une ombre pour ainsi dire lumineuse. Telle est l'étude de la couleur des eaux des fleuves : nous avons pu dessiner entr'autres les eaux jaunes de la Marne, suivant pendant longtemps la rive droite de la Seine sans s'y mélanger. Telles sont les observations faites sur la transparence de l'air, sur l'épaisseur des nuages, sur la courbure du sol. A ce propos, on croit généralement qu'en s'élevant au-dessus de la terre, on doit de plus en plus s'apercevoir de sa sphéricité. Or, |il n'en est rien. C'est une illusion contraire qui se produit. Lorsqu'on arrive à une grande hauteur, la terre paraît creuse, on peut se croire entre deux verres de montre ; la terre a une surface concave, de même que le ciel ; on plane entre deux concavités. Ce fait peut être expliqué par la perspective.

L'exposé succinct des observations scientifiques nous amène maintenant à esquisser en quelques mots les impressions ressenties dans un voyage au-dessus du sol. Je ne veux pas, Messieurs, m'arrêter à vous démontrer l'importance des études météoro-logiques auxquelles on peut ainsi se livrer à l'aide des aérostats. Vous savez comme moi que la météo-rologie sera une science plus pratique encore que l'astronomie, et que le jour où les lois de l'atmos-phère auront pu être déterminées, le jour où l'on pourra prédire les variations du temps comme on prédit les mouvements des astres, ce jour-là, l'homme aura gagné sur la nature la victoire la plus belle, la plus utile et la plus féconde.

III.

On me demande souvent quelles sont les pre-mières impressions ressenties au moment où, pour la première fois surtout, on quitte le *sol solide* de la terre pour se laisser emporter dans l'espace à la merci d'une bulle de gaz.

A vrai dire, ces impressions sont fort complexes. Néanmoins, celle qui domine est une sensation de bien-être tout nouveau, à laquelle s'ajoute la vaniteuse petite joie de se voir au-dessus du reste des autres hommes, et le plaisir d'admirer un spectacle toujours magnifique. Quant au mouvement, il est *absolument insensible*. L'aéronaute doit avoir soin de bien équilibrer son navire aérien avant de lever l'ancre; il doit s'élever avec une grande lenteur, ce mode d'ascension étant préférable à celui d'une flèche, tant pour le charme de la contemplation que pour la position des instruments, qui doivent se mettre lentement à la température ambiante. J'ai dit que le mouvement est complétement insensible, et, en effet, nous ne le sentons en aucune façon. Nous nous croyons *immobiles*. *La terre descend* au-dessous de nous; le groupe de nos amis diminue, et leurs adieux n'arrivent que plus faiblement; ils sont bientôt couverts par la voix colossale de Paris, qui domine tout d'un brouhaha gigantesque. La populeuse cité développe sous nos yeux ses mille toits, ses coupoles, ses édifices, ses jardins, ses boulevards; un peu plus tard, elle ressemble à un plan en relief entouré de la verte ceinture des fortifications. Ses plus majestueux monuments s'humilient devant le ciel ; les statues sur leurs hautes colonnes s'abaissent au niveau du sol, et nous montrent une fois de plus que la gloire n'est que l'égalité du néant. La plaine de Paris se déploie, l'horizon s'agrandit ; la Seine déroule ses replis serpentiformes, les collines s'abaissent, l'horizon s'élargit encore ; les villes des environs de Paris brillent comme des villas au milieu des bosquets, et les plaines s'allongent ; l'horizon s'élargit toujours. La Seine brille au couchant jusqu'à Rouen ; les lignes de chemin de fer serpentent dans toutes les directions, et ainsi se développe peu à peu un panorama sans égal, tandis que le mouvement d'ascension, aussi bien que celui du courant qui nous emporte, restent complétement insensibles pour nous.

Nous sommes en réalité immobiles dans l'air qui marche. Cette immobilité est si absolue, que la flamme d'une bougie ne vacille pas dans la nacelle d'une montgolfière. Parmi les expériences que j'ai faites à ce propos, je me souviens d'avoir, un jour, exactement rempli d'eau rougie un verre à pied, si exactement, qu'on n'aurait même pu y poser la feuille de rose de l'académie silencieuse. Nous gardâmes ce verre pendant une demi-heure, et quoique nous eussions parcouru une ligne sinueuse de six lieues, avec des bonds de 3 et 400 mètres, une seule goutte n'a pas taché la nappe de notre table.

L'équilibre est également si absolu que je me suis amusé souvent, au moment où, après une traversée au-dessus des nuages, nous redescendions dans la nue, à verser doucement de la main une poignée de sable fin. Cette poignée suffisait à nous relever de près de 400 mètres au-dessus des nuages.

Malgré notre immobilité apparente, nous percevions ordinairement la vitesse d'un convoi de chemin de fer.

Des divers spectacles qu'il est donné à l'aéronaute de contempler, l'un des plus curieux est, sans contredit, la traversée des nuages.

Tout en nous croyant immobiles, nous entrons dans les nuages que nous venons d'atteindre : ils descendent autour de nous. L'air semble devenir opaque et blanc; la campagne se couvre d'un voile dont l'épaisseur augmente du centre à la circonférence. Bientôt nous ne distinguons plus la terre, les prairies, les lignes blanches des routes, que directement au-dessous de nous, et nous sommes enveloppés d'un immense brouillard blanc, qui paraît nous environner de loin, comme une sphère vague, sans nous toucher.

Nous nous croyons immobiles au milieu de cet air dense et opaque, et nous ne pouvons ni apprécier sensiblement notre marche horizontale, ni savoir, à l'aspect des nuages, si nous nous élevons ou si nous descendons.

Cependant, la sphère de soie perce lentement de son vaste crâne les opacités non résistantes de la nue, et, nous frayant un passage, nous emporte vers des régions plus lumineuses. Bientôt nos yeux, habitués à la faible clarté d'en bas, sont impressionnés par l'accroissement de la lumière qui nous enveloppe. C'est en effet une vaste clarté solide qui paraît nous cerner de toutes parts : la sphère qui nous enserre est du même éclat dans toutes les directions, en bas comme en haut, à gauche comme à droite; il est absolument impossible de distinguer de quel côté peut être le soleil.

Je cherche en vain à définir le caractère de notre situation, l'aspect en est vraiment indescriptible; tout ce que je puis exprimer, c'est que nous sommes au sein d'une sorte d'océan blanc pénétrable.

Mais la lumière s'est rapidement accrue et s'affermit maintenant avec puissance. Le soleil apparaît dans le ciel blanc comme une hostie sans éclat posée sur des couches de neige.

Nous voici peu après dans la lumière et dans le ciel pur. La terre et son voile de brouillard sont distancés loin de nous par notre essor. Ici règne la lumière ; ici rayonne la chaleur ; ici l'atmosphère est pleine de joie ; en abordant au sein de ce nouveau monde, il semble qu'on quitte les rives sombres du deuil pour prendre possession d'une nouvelle existence, et qu'en laissant les nuages se fondre à ses pieds, on ressuscite dans la transfiguration d'un autre monde !

L'océan nuageux qui se déploie au-dessous de nous est formé de collines et de vallées blanchâtres, de tonalités diverses, offrant quelque vague ressemblance avec des traînées neigeuses de laine cardée extrêmement fine, et diminuant de grandeur et de profondeur à mesure qu'elles s'éloignent.

Le soleil répand ses rayons de lumière et de chaleur en ces régions inexplorées, tandis qu'il reste caché pour les régions habitées par l'homme. Combien de merveilles naissent et s'évanouissent inconnues de l'œil humain ! quelles forces immenses et permanentes agissent au-dessus de nous sans que nous les percevions ! et comme la nature éternelle poursuit son cours sans se préoccuper d'être admirée et étudiée par le faible habitant de la terre !

Lorsque nous descendons du pays de la lumière, un effet tout inverse se produit. Une tristesse immense succède à la joie d'en haut. Quelque chose d'obscur, de laid, de sale même, semble voiler l'espace. On sent les approches d'une terre proscrite. Je recommande cette descente là aux misanthropes ; on éprouve quelque dégoût à se voir retomber ainsi du ciel chez les hommes.

Les impressions que je viens de décrire, celles que l'on ressent lorsqu'on traverse silencieusement les nuages à l'aide du léger char aérien qui nous emporte, ne sont pas applicables à toute autre circonstance. Lorsque le ciel est pur jusqu'en ses grandes hauteurs, lorsque nous ne perdons jamais de vue la terre quelle que soit l'élévation que nous atteignions, l'impression n'est plus du tout la même. On ne passe plus d'un monde à un autre, on n'éprouve plus ces grands contrastes ; mais on sent, dans les hautes profondeurs, au milieu de l'éternel silence, que l'on s'exile des royaumes de la vie, et l'on apprécie mieux que jamais la puissance et la richesse de la nature déployée sur le tapis des plaines inférieures.

Chaque voyage aérien apporte des impressions nouvelles.

Ma première ascension a eu lieu le jour de l'Ascen

sion de l'année dernière, en 1867. En compagnie de
M. Eugène Godard, aéronaute de l'Empereur, et
de M. le comte Xavier Branicki, j'ai fait dans cette
belle après-midi une première petite traversée de
Paris à Fontainebleau. Le vent était assez fort.
Après avoir traversé Paris au sud-est, nous vo-
guâmes sur les magnifiques campagnes arrosées
par la Seine, la Marne, le Yères. Vers Melun, nous
distinguâmes un orage lointain vers lequel nous
fûmes désormais emportés avec la vitesse d'un train
express. L'orage venait sur nous, nous allions sur
lui, et nous devions nous atteindre sur la forêt de
Fontainebleau avec la vitesse de deux trains qui
se rencontrent. Dans une telle conjoncture, nous
n'avons que deux partis à prendre, et à prendre
vite : ou passer par-dessus les nuages et nous esqui-
ver ainsi de cette atteinte, ou descendre à terre.
Mais, pour passer par-dessus, il faut jeter du lest.
Aucun de nous trois ne désirait jouer alors le rôle
de ce projectile, et cependant, si quelque navire
aérien était jamais sur le point de faire naufrage
sur l'Océan, le dévouement d'un passager serait la
dernière ressource pour sauver l'équipage (c'est ce
que le compagnon de Blanchard, Jeffries allait faire
le jour de leur traversée de la Manche, lorsque, par

l'effet d'une dilatation, le ballon s'éleva et les mit
hors de danger). Au lieu de passer par-dessus les
nuages, ce que nous fîmes depuis en d'autres circonstances, nous descendîmes sur la forêt. Les
arbres séculaires, les rochers monstrueux, les toits
de la ville, semblaient venir sur nous avec une
effrayante rapidité. Lorsque la nacelle toucha, tor-
dant et cassant les hautes branches des futaies,
lorsque nous mîmes pied à terre, nous fûmes
extraordinairement surpris de nous trouver, en un
clin-d'œil, au milieu des arbres et du vent impé-
tueux.

Les traversées diffèrent par des caractères spéciaux et souvent imprévus. La monotonie est sûre-
ment exclue de ces excursions toujours variées.
L'état du ciel, l'heure du jour ou de la nuit, l'époque
de la saison, la direction du voyage, l'aspect des
pays qu'on visite, toutes les conditions changent,
et sur mille voyages on n'en saurait trouver deux
identiques. Un jour, je vais de Paris à La Roche-
foucault-Angoulême, par un ciel couvert et une
nuit sombre; une autre fois, je vais descendre en
Prusse, au-delà du Rhin et de Cologne, après une
nuit singulièrement variée; une autre fois, de
Dreux à Gacé, un clair de lune splendide nous en-

veloppe et nous accompagne ; un soir d'été, je suis
simplement l'élégante vallée de la Seine, à l'ouest
de Paris, jusqu'à Meulan ; une matinée, je m'élève
de Barbizon pour aller descendre à La Motte-
Beuvron, sous un soleil ardent et par le ciel le plus
pur. Non, aucun mode de locomotion ne comporte
autant de variété que celui-là, — ni autant de
charme. A l'immobilité apparente absolue de la
nacelle se joint la beauté sans égale de la mise en
scène. Vous filez en silence dans la plaine de l'air,
porté par un souffle invisible au-dessus des plus
magnifiques paysages. On ne saurait dépeindre un
tel charme. Certes, j'ai mis en pratique la plupart
des moyens de locomotion imaginés par la fantaisie
humaine. L'un des plus agréables paraît être une
douce promenade dans une barque sur le rivage
transparent de la mer, par une tiède soirée d'été.
Mollement bercés à la surface de l'onde, l'on jouit en
paix des heures fugitives. Pour peu que le son har-
monieux d'une harpe vous accompagne, surtout, si,
comme je le suppose, vous êtes en bonne compagnie,
il n'y a guère, on le croit, de véhicule plus agréable
que celui-là. Eh bien ! il est tout-à-fait indigne d'être
comparé à la nacelle d'un aérostat. Ici le charme est
incomparablement plus vif et plus puissant.

On suppose souvent que le vertige doit contrarier particulièrement les impressions agréables dont je parle ici.

C'est une erreur ; j'ai la certitude que le vertige n'existe pas en ballon. J'ai vu des personnes, qui n'osent pas regarder du haut d'un balcon, n'éprouver dans la nacelle d'un ballon aucune espèce de sensation vertigineuse. La raison en est sans doute dans l'absence d'objets de comparaison entre la nacelle et la terre. A l'œil, on ne peut apprécier la hauteur à laquelle on se trouve. Lorsqu'on descend, même de quelques kilomètres, on est porté à enjamber la nacelle, qu'on est encore à quatre ou cinq cents mètres d'élévation.

Rien n'égale la magnificence du panorama qui se déploie sous nos yeux lorsque nous planons dans un ciel pur à une immense hauteur. Jamais je n'ai mieux senti la grandeur de ce spectacle que le jour où me trouvant, à sept heures du matin, à plus de trois mille mètres au-dessus de la Loire, j'avais sous les yeux la carte de France la plus magnifique — et la plus exacte — qui puisse être. Orléans semblait à nos pieds, quoique nous en fussions à dix lieues. L'architecture du château d'Amboise était facile à distinguer, quoique nous en fussions éloignés de vingt-cinq lieues. Le centre de la France se développait avec ses verdoyantes prairies, ses sombres forêts, ses sillons dorés, comme une plaine multicolore parsemée de centaines, — de milliers — de villes et de villages. Les Alpes bornaient l'horizon au sud ; les Pyrénées à l'ouest ; les fleuves et les rivières dessinaient leurs sinuosités sur la plaine opulente. Du sein des régions inertes et silencieuses où nous planons, il nous semble que nous sommes exilés de la sphère de la vie, et de même que c'est par l'absence et la privation que nous apprécions la valeur de nos biens, ainsi nous jugeons sous un aspect nouveau la richesse naturelle de la terre. Cette habitation de l'homme nous apparaît véritablement belle, rayonnante de vie et d'activité.

Quelle paix et quelle opulence! Combien cette œuvre de la nature est digne d'admiration! Quel merveilleux déploiement de splendeurs ! Comment donc se fait-il que l'homme vive dans l'indifférence et dans le dédain de la nature, au milieu d'une résidence aussi belle? Comment se fait-il surtout que ce parasite ait trouvé moyen de créer la guerre et le mal sur le sein de la beauté et de l'amour ?

Oui, ces contemplations apportent à notre âme d'indescriptibles jouissances. Mais de tous les spectacles qu'il m'a été donné d'admirer, celui dont le souvenir me frappe le plus encore, c'est le ravissant lever de soleil auquel j'ai assisté, le 15 juillet, à 2,400 mètres de hauteur au-dessus du Rhin.

Les nuages venaient de se former, de deux heures à trois heures du matin, dans des régions aériennes inférieures à la nôtre et parsemaient la vaste campagne. Les immenses forêts de l'Allemagne se développaient à plus de deux kilomètres au-dessous de nous; nous distinguions presque à notre nadir Aix-la-Chapelle; à notre gauche, au loin, les terrains marécageux de la Hollande; à notre droite, le duché de Luxembourg; derrière nous, les propriétés entourées de haies de la Belgique; devant nous, près du soleil, la Westphalie, au loin le Rhin qui déroulait ses anneaux blancs et serpentiformes. Cologne approchait avec sa noire cathédrale au centre du demi-cercle. Depuis longtemps, l'aurore répandait sur la terre une clarté toujours croissante, et, par un singulier effet de mirage ou par la disposition fortuite des ombres dans les nuées situées à notre hauteur, un vaste paysage se dessinait à l'orient avec des teintes et des nuances vagues, semblables à celles du marbre.

On pressentait, derrière ces décors féeriques, ces

murailles, ces tours et ces clochers projetés sur cette couche lointaine de nuées, on pressentait l'arrivée prochaine du dieu de la lumière, qui, par sa majesté, allait faire soudain disparaître toutes les ombres du crépuscule. Un silence absolu environnait notre navire, tandis que les nuages se formaient et se déformaient au-dessous de nous.

En vérité, je ne saurais mieux comparer l'accroissement successif de la lumière orientale et les symptômes précurseurs du lever de l'astre-roi, qu'à une mélodie extrêmement pure qui se laisserait d'abord deviner plutôt qu'entendre, comme venant d'une grande distance. Puis ce murmure, ce prélude, s'accentue davantage, et déjà l'on distingue les accords des diverses parties. L'oreille charmée par l'enivrante harmonie, comme l'œil baigné dans la lumière céleste, cherche à discerner dans l'ensemble le motif qui se dégage de l'accompagnement sonore. Mais c'est avec peine qu'elle pourrait découvrir la trame savante du mélodieux concert, sous les frémissements des cordes basses, sous les chatoiements et les broderies de l'art musical. A peine l'attention a-t-elle pénétré dans ce monde merveilleux de l'harmonie, que tout à coup éclate dans sa grandeur la puissante et éblouissante fanfare... Le dieu de la lumière s'est révélé. L'atmosphère est soudain pénétrée dans ses régions immenses par les feux de son rayonnement intarissable.

Ce sont là, Messieurs, quelques-unes des impressions que j'aurais voulu vous faire partager, mais qui ne peuvent être parfaitement connues que par ceux qui les ont ressenties.

Je ne puis m'empêcher de vous avouer ici, puisque nous parlons des impressions, que les voyages aériens ont encore augmenté dans mon âme l'admiration pour la nature. Cette contemplation supérieure de la terre, cette connaissance nouvelle du ciel atmosphérique, cette possession, pour ainsi dire, de la vue humaine sur le royaume de l'homme, m'a porté non moins que les études astronomiques à la conviction profonde que des lois sages et intelligentes régissent le monde. J'ose avouer qu'à travers les œuvres de notre brillante atmosphère, j'ai senti Dieu dans la nature, non pas sans doute le Dieu humain que les hommes ont créé à leur image, mais le Dieu infini qui porte les mondes dans sa splendeur.

Ce n'est point, Messieurs, par une fantaisie puérile que je me permets de prononcer ici cette profession de foi, c'est parce que je sais trop qu'à notre époque il y a une singulière école, plus intolérante que le dogmatisme du moyen-âge, qui prétend fouler à ses pieds toutes les sensations du cœur, qui nie l'ordre et la beauté de la création, se rit de la vérité morale et s'imagine être autorisée par la science à ces singulières aberrations,

Devant d'aussi funestes tendances, ceux qui ont senti, ceux qui ont connu, la magnificence et la puissance de la nature, ont le devoir d'affirmer leurs convictions.

Je pourrais, Messieurs, avant de terminer, faire le panégyrique des martyrs de l'aérostation et de ceux qui succombent en cherchant à poser des jalons dans cette voie nouvelle et mystérieuse. Et sans doute, ces soldats du travail, comme les inventeurs, comme les chercheurs morts à la peine, ne mériteraient pas de notre part moins de sympathie que les soldats tombés sur le champ de bataille. Au moins ceux qui se dévouent aux grands problèmes de la science meurent pour une idée; tandis que trop souvent les soldats de toutes les nations versent un sang inutile, pour une cause qu'ils ignorent et qui parfois n'est que la fantaisie du despotisme.

Mais je ne veux pas attrister notre tableau par

un voile funèbre, j'aime mieux contempler l'avenir
de l'aérostation, soit par la connaissance des courants, soit par la direction des aérostats, soit plutôt
encore par les applications de la mécanique.
L'homme, comme le disait Ovide il y a près de deux
mille ans, prendra possession du ciel, qui lui est
ouvert.

Nous aimons à espérer que l'aurore si joyeuse et
si éclatante qui est apparue à l'horizon de ce siècle,
aux yeux surpris de nos ancêtres, n'attendra pas
un autre siècle pour annoncer le jour si impa-
tiemment attendu de la véritable conquête des airs.

Le dix-neuvième siècle nous a déjà donné tant de
choses que sa générosité ne nous refusera pas la
plus précieuse. Lorsque l'homme aura pris possession du ciel aérien, comme il a pris possession de
l'élément liquide, les barrières qui séparent les
peuples tomberont d'elles-mêmes, et de l'équateur
aux pôles le globe terrestre deviendra le séjour d'une
seule famille. Le philosophe qui suit silencieusement
la marche corrélative du progrès dans le sein de
l'humanité entière reconnaît, il est vrai, que les
distinctions rivales des peuples ne peuvent pas
encore s'effacer, et que peut-être l'heure que nous
espérons est retardée sur le livre du destin. Mais

puisque c'est l'humanité qui se perfectionne elle-même par son incessant travail, que tous ceux dont le cœur palpite aux grandes questions du progrès, que tous ceux dont l'esprit s'exalte pour la cause universelle, travaillent chacun selon son impulsion intime ! Conquérons par notre ardeur studieuse le vaste domaine de la nature.

Quand la conquête de l'air sera faite, la fraternité universelle sera établie sur la terre, la véritable paix descendra du ciel, les dernières castes s'efface-ront, et nous saluerons l'ère qu'on pressentait déjà en 1784, nous fonderons « la liberté dans la lumière. »

FIN.

Beauvais, typogr. D. PERE, imprimeur du *Suffrage universel*.

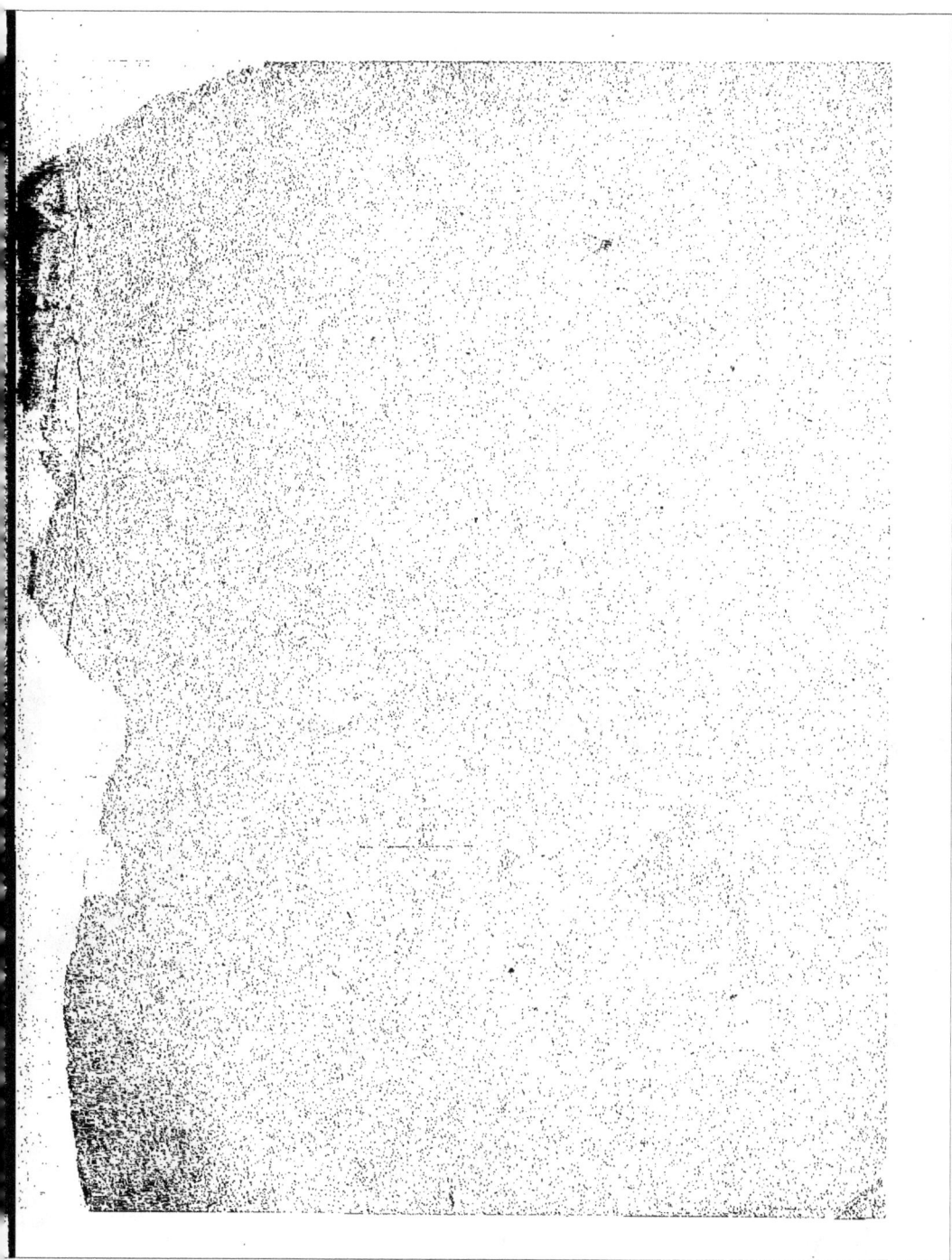

BEAUVAIS. — IMPRIMERIE DE D. FÈRE.